화엄경 제42권(10정품 제27-3) 해설

화엄경 제42권 10정품 제27-3에는 『일체중생차별신삼매』(pp.1~38)와 『법계자재삼매』(pp.39~93)에 대하여 설하였다.

『일체중생차별신삼매』에 들면 10종 無所着을 얻고 갖가지 신통력을 나투는 것에 대하여 설명하였는데(pp.1~15) 귀신과 시체, 대지의 비유(pp.15~18)와 10종 칭찬법, 10종 광명조요, 10종 무소작하는 것(pp.16~25)이 마치 幻師와 아수라의 전쟁, 농부의 농사법, 남녀의 화합법과 같다고 여러 가지 비유를 들어 설명하였다. (pp.26~35)

다음 『법자재삼매』는 눈·귀·코·혀·몸·뜻으로 보고 듣고 맡고, 맛보고, 느끼고, 생각하는 것을 구체적으로 설명하였다. 말하자면 자연적으로 온갖 세간법과 세계의 無邊한 일들을 확실하게 보고 알아(pp.39~54) 열 가지 수승한 법, 수습법(pp.55~61)을 얻어 그의 공덕으로 4대강(항하·사타·신두·박추하)을 돌고 돌아 온갖 대지를 축이고 마침내 바다에 이르는 것과 같다(pp.55~79)고 여러 용왕과 日光, 허공 등에 비유하여 설명하였다.(pp.80-93)

十定品 第二十七之三

佛子云何爲菩薩摩訶薩
一切衆生差別身三昧佛子
菩薩摩訶薩住此三昧得十
種無所着何者爲十所謂於
一切刹無所着於一切方無
所着於一切劫無所着於一

切(체) 衆(중) 無(무) 所(소) 着(착) 於(어) 一(일) 切(체) 法(법) 無(무) 所(소) 着(착) 於(어) 一(일) 切(체) 菩(보) 薩(살) 無(무) 所(소) 着(착) 於(어) 一(일) 切(체) 菩(보) 薩(살) 願(원) 無(무) 所(소) 着(착) 於(어) 一(일) 切(체) 三(삼) 昧(매) 無(무) 所(소) 着(착) 於(어) 一(일) 切(체) 佛(불) 無(무) 所(소) 着(착) 於(어) 一(일) 切(체) 地(지) 無(무) 所(소) 着(착) 是(시) 爲(위) 十(십) 佛(불) 子(자) 菩(보) 薩(살) 摩(마) 訶(하) 薩(살) 於(어) 此(차) 三(삼) 昧(매) 云(운) 何(하) 入(입) 云(운) 何(하) 起(기) 佛(불) 子(자) 菩(보) 薩(살)

사경의 공덕은 십만억 부처님께 공양한 것과 같은 공덕이 있습니다.

身신	羅라	起기	入입	異이	身신	摩마
起기	身신	龍용	夜야	身신	起기	訶하
梵범	入입	身신	叉차	起기	外외	薩살
王왕	天천	入입	身신	異이	身신	於어
身신	身신	阿아	起기	身신	入입	此차
入입	起기	修수	夜야	入입	內내	三삼
欲욕	天천	羅라	叉차	同동	身신	昧매
界계	身신	身신	身신	身신	起기	內내
身신	入입	起기	入입	起기	同동	身신
起기	梵범	阿아	龍용	人인	身신	入입
天천	王왕	修수	身신	身신	入입	外외

사경의 공덕은 십만억 부처님께 공양한 것과 같은 공덕이 있습니다.

陀(타)	起(기)		起(기)	入(입)	中(중)
尼(니)	閻(염)		一(일)	間(간)	入(입)
衆(중)	浮(부)		身(신)	入(입)	地(지)
生(생)	提(제)		起(기)	餘(여)	獄(옥)
衆(중)	衆(중)		一(일)	千(천)	起(기)
中(중)	生(생)		身(신)	起(기)	地(지)
起(기)	衆(중)		入(입)	千(천)	獄(옥)
西(서)	中(중)		那(나)	那(나)	入(입)
瞿(구)	入(입)		由(유)	由(유)	人(인)
陀(타)	西(서)		他(타)	他(타)	間(간)
尼(니)	瞿(구)		身(신)	身(신)	起(기)

사경의 공덕은 십만억 부처님께 공양한 것과 같은 공덕이 있습니다.

大方廣佛華嚴經

사경의 공덕은 십만억 부처님께 공양한 것과 같은 공덕이 있습니다.

火화	入입	海해	中중	切체	衆중	生생
大대	一일	地지	起기	海해	中중	衆중
中중	切체	大대	一일	神신	入입	中중
入입	海해	中중	切체	衆중	一일	起기
一일	火화	起기	海해	中중	切체	一일
切체	大대	一일	水수	入입	海해	切체
海해	中중	切체	大대	一일	神신	海해
風풍	起기	海해	中중	切체	衆중	差차
大대	一일	地지	入입	海해	中중	別별
中중	切체	大대	一일	水수	起기	衆중
起기	海해	中중	切체	大대	一일	生생

사경의 공덕은 십만억 부처님께 공양한 것과 같은 공덕이 있습니다.

사경의 공덕은 십만억 부처님께 공양한 것과 같은 공덕이 있습니다.

사경의 공덕은 십만억 부처님께 공양한 것과 같은 공덕이 있습니다.

사경의 공덕은 십만억 부처님께 공양한 것과 같은 공덕이 있습니다.

生	衆	佛	無	中	生	界
衆	生	刹	邊	入	衆	衆
中	衆	衆	佛	無	中	生
起	中	生	刹	邊	起	衆
不	入	衆	衆	佛	無	中
可	不	中	生	刹	量	入
數	可	起	衆	衆	世	無
世	數	無	中	生	界	量
界	世	等	入	衆	衆	世
衆	界	佛	無	中	生	界
生	衆	刹	等	起	衆	衆

사경의 공덕은 십만억 부처님께 공양한 것과 같은 공덕이 있습니다.

사경의 공덕은 십만억 부처님께 공양한 것과 같은 공덕이 있습니다.

起	衆	中	染	不	說	界
기	중	중	염	불	설	계
	生	入	衆	可	世	衆
	생	입	중	가	세	중
	衆	淸	生	說	界	生
	중	청	생	설	계	생
	中	淨	衆	世	衆	衆
	중	정	중	세	중	중
	入	衆	中	界	生	中
	입	중	중	계	생	중
	雜	生	起	衆	衆	入
	잡	생	기	중	중	입
	染	衆	雜	生	中	不
	염	중	잡	생	중	불
	衆	中	染	衆	起	可
	중	중	염	중	기	가
	生	起	衆	中	不	說
	생	기	중	중	불	설
	衆	淸	生	入	可	不
	중	청	생	입	가	불
	中	淨	衆	雜	說	可
	중	정	중	잡	설	가

사경의 공덕은 십만억 부처님께 공양한 것과 같은 공덕이 있습니다.

微(미)	數(수)	處(처)	入(입)	鼻(비)	處(처)	
塵(진)	世(세)	入(입)	身(신)	處(처)	起(기)	眼(안)
中(중)	界(계)	自(자)	處(처)	起(기)	鼻(비)	處(처)
入(입)	微(미)	處(처)	起(기)	身(신)	處(처)	入(입)
一(일)	塵(진)	起(기)	自(자)	處(처)	入(입)	耳(이)
微(미)	中(중)	一(일)	處(처)	入(입)	舌(설)	處(처)
塵(진)	起(기)	微(미)	入(입)	意(의)	處(처)	起(기)
中(중)	無(무)	塵(진)	他(타)	處(처)	起(기)	耳(이)
起(기)	數(수)	中(중)	處(처)	起(기)	舌(설)	處(처)
聲(성)	世(세)	入(입)	起(기)	意(의)	處(처)	入(입)
聞(문)	界(계)	無(무)	他(타)	處(처)	入(입)	眼(안)

사경의 공덕은 십만억 부처님께 공양한 것과 같은 공덕이 있습니다.

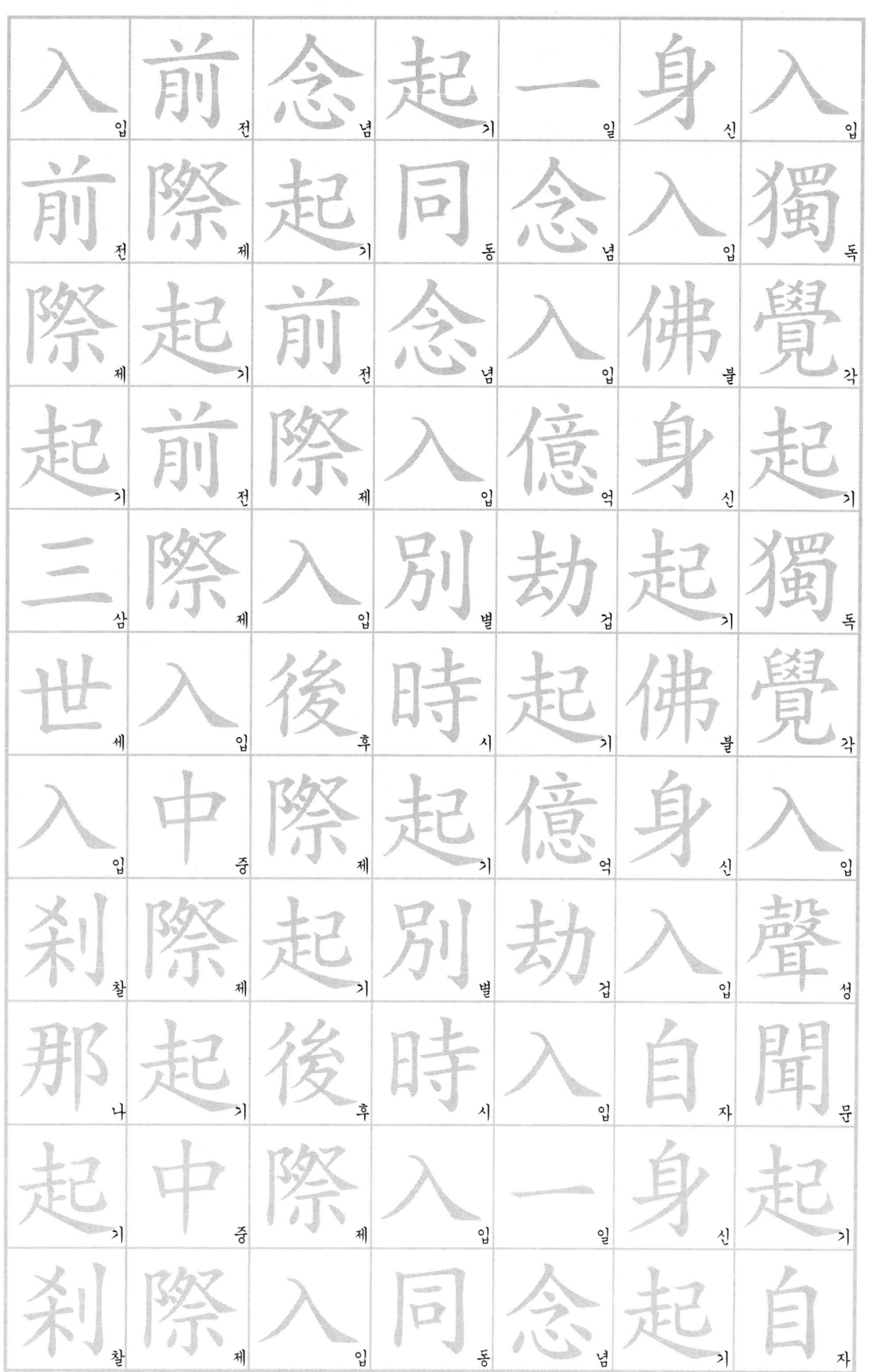

사경의 공덕은 십만억 부처님께 공양한 것과 같은 공덕이 있습니다.

那	言		其	身	此	他
入	說	佛	身	令	三	身
三	入	子	戰	他	昧	起
世	眞	譬	動	身	亦	他
起	如	如	不	然	復	身
眞	起	有	能	菩	如	入
如		人	自	薩	是	定
入		爲	安	摩	自	自
言		鬼	鬼	訶	身	身
說		所	不	薩	入	起
起		持	現	住	定	

사경의 공덕은 십만억 부처님께 공양한 것과 같은 공덕이 있습니다.

佛定住和就而
불 정 주 화 취 이

子異此合屍能佛
자 이 차 합 시 능 불

譬境三成之起子
비 경 삼 성 지 기 자

如起昧就與行譬
여 기 매 취 여 행 비

比異亦彼呪隨如
비 이 역 피 주 수 여

丘境復事雖所死
구 경 부 사 수 소 사

得入如菩各作屍
득 입 여 보 각 작 시

心定是薩差事以
심 정 시 살 차 사 이

自同同摩別皆呪
자 동 동 마 별 개 주

在境境訶而得力
재 경 경 하 이 득 력

或起入薩能成故
혹 기 입 살 능 성 고

사경의 공덕은 십만억 부처님께 공양한 것과 같은 공덕이 있습니다.

以一身으로 一身非라 一作多하며 多身을 沒하며 身을 一身非라 一作多하며 或以多身으로 生非身作하며

此身沒하고 復生菩薩摩訶薩住하며
多身起하야 入如是一一身이 入定하며 其一一身이 起定하며

譬如子는 佛身이라 所生苗稼種種味別地니 雖無種種味나

大方廣佛華嚴經 17

何昧　多分薩差
者得佛種別住別
爲十子入然此然
十種菩定有三昧
所稱薩一一昧有
謂讚摩種種亦殊
入法訶起入復異
眞之薩　定如菩
如所住　多是薩
故稱此　種無摩
名讚三　起所訶

爲佛爲智所名婆
如爲法爲依爲若
來一師一處導道
覺知一了師故
一世切世達引名
切間切間一一大
法所法所切切導
故稱故歸法衆師
名讚名依方生爲
之故一故便入一
爲名切名故薩切

사경의 공덕은 십만억 부처님께 공양한 것과 같은 공덕이 있습니다.

昧매		輪륜	名명	礙애	滿만	世세
復부	佛불	故고	爲위	智지	義의	間간
得득	子자	名명	十십	分분	利리	燈등
十십	菩보	一일	力력	別별	成성	故고
種종	薩살	切체	自자	了료	就취	名명
光광	摩마	見견	在재	知지	所소	爲위
明명	訶하	者자	通통	一일	作작	光광
照조	薩살	是시	達달	切체	皆개	明명
耀요	住주	爲위	一일	諸제	辦판	心심
何하	此차	十십	切체	法법	住주	志지
者자	三삼			法법	故고	無무	圓원

사경의 공덕은 십만억 부처님께 공양한 것과 같은 공덕이 있습니다.

種無畏光明與爲
性差光明普彼十
故別明悉能平所
得光法往嚴等謂
方明界調淨故得
便知爲伏故得一
光一場故得一切
明切演得一切諸
於法說無切世佛
一無故量衆界光
切種得無生光明

사경의 공덕은 십만억 부처님께 공양한 것과 같은 공덕이 있습니다.

法(법) 光(광) 等(등) 明(명) 思(사) 故(고) 毛(모)
離(리) 明(명) 故(고) 蒙(몽) 惟(유) 得(득) 孔(공)
欲(욕) 於(어) 得(득) 佛(불) 光(광) 一(일) 中(중)
際(제) 一(일) 徧(변) 所(소) 明(명) 切(체) 善(선)
而(이) 切(체) 一(일) 加(가) 到(도) 法(법) 說(설)
證(증) 法(법) 切(체) 恒(항) 一(일) 眞(진) 一(일)
入(입) 離(리) 世(세) 不(불) 切(체) 如(여) 切(체)
故(고) 欲(욕) 間(간) 息(식) 佛(불) 光(광) 故(고)
得(득) 際(제) 神(신) 故(고) 自(자) 明(명) 是(시)
眞(진) 心(심) 變(변) 得(득) 在(재) 於(어) 爲(위)
實(실) 平(평) 光(광) 善(선) 岸(안) 一(일) 十(십)

사경의 공덕은 십만억 부처님께 공양한 것과 같은 공덕이 있습니다.

佛子 菩薩摩訶薩 住此三昧 復得十種無所作 何者爲十 所謂身業無所作 語業無所作 意業無所作 神通無所作 了法無性無所作 知業不作壞無差別智無所作 知法無生起智無所作無滅

사경의 공덕은 십만억 부처님께 공양한 것과 같은 공덕이 있습니다.

細	起	一	昧		無	無
起	異	入	無	佛	所	所
大	入	多	量	子	作	作
入	同	起	境	菩	是	隨
小	起	多	界	薩	爲	順
起	細	入	種	摩	十	於
小	入	一	種	訶		文
入	麤	起	差	薩		不
大	起	同	別	住		壞
起	麤	入	所	此		於
順	入	異	謂	三		義

能능		昧매	入입	有유	身신	入입
現현	佛불	自자	入입	相상	起기	逆역
種종	子자	在재	中중	起기	有유	起기
種종	譬비	境경	起기	有유	身신	逆역
差차	如여	界계	如여	相상	入입	入입
別별	幻환		是시	入입	無무	順순
形형	師사		皆개	無무	身신	起기
相상	持지		是시	相상	起기	無무
呪주	呪주		此차	起기	無무	身신
與여	得득		之지	起기	相상	入입
幻환	成성		三삼	中중	入입	有유

사경의 공덕은 십만억 부처님께 공양한 것과 같은 공덕이 있습니다.

住所味種識幻別
주 소 미 종 식 환 별
此知身種所作而
차 지 신 종 소 작 이
三種識諸知眼能
삼 종 식 제 지 안 능
昧種所香種識作
매 종 소 향 종 식 작
亦境知舌種所幻
역 경 지 설 종 소 환
復界種識諸知呪
부 계 종 식 제 지 주
如菩種所聲種唯
여 보 종 소 성 종 유
是薩諸知鼻種是
시 살 제 지 비 종 시
同摩觸種識諸聲
동 마 촉 종 식 제 성
中訶意種所色而
중 하 의 종 소 색 이
入薩識諸知耳能
입 살 식 제 지 이 능

走入藕絲孔中 萬以幻術 七百由旬 羅退衄阿修之時 羅王其身長大 修羅佛子鬪戰譬如 三十三天得勝 阿修羅羅王諸其身得長大修

定異中起異中入定同中異中起

菩薩摩訶薩 諸軍眾同時 四兵圍遶無數千

사경의 공덕은 십만억 부처님께 공양한 것과 같은 공덕이 있습니다.

種子在下果生於上菩薩 子佛子譬如農夫田中下種 入定無差別法中中起起 入定差別法能於無差別法中 幻智幻智是故能於無差別法中 地幻智即是已菩薩菩薩即幻智 亦復如是已善成就諸幻智

사경의 공덕은 십만억 부처님께 공양한 것과 같은 공덕이 있습니다.

訶	中	中		或	爲	胎
하	중	중		혹	위	태
薩	入	起	佛	有	歌	中
살	입	기	불	유	가	중
住	定		子	衆	羅	滿
주	정		자	중	라	만
此	多		譬	生	邏	足
차	다		비	생	라	족
三	中		如	於	位	十
삼	중		여	어	위	십
昧	起		男	中	從	月
매	기		남	중	종	월
亦	多		女	受	此	善
역	다		녀	수	차	선
復	中		赤	生	次	業
부	중		적	생	차	업
如	入		白	爾	第	力
여	입		백	이	제	력
是	定		和	時	住	故
시	정		화	시	주	고
一	一		合	名	母	一
일	일		합	명	모	일

사경의 공덕은 십만억 부처님께 공양한 것과 같은 공덕이 있습니다.

願力漸次增長其心廣大任
是從一切智歌羅邐位信解
種果報菩薩摩訶薩亦復如
令彼次第成就受同異故類
根體狀各別以業力故而種
心意明了其歌羅邐與彼六
切支分皆得成就諸根不缺

사경의 공덕은 십만억 부처님께 공양한 것과 같은 공덕이 있습니다.

運自在無中中入自定有中起有

中入佛子譬如龍如龍起宮依地而立

不依虛空而能興雲遍滿空中住亦不在

空而能所見宮殿當知皆是乾

闥婆城非是龍宮佛子

사경의 공덕은 십만억 부처님께 공양한 것과 같은 공덕이 있습니다.

大方廣佛華嚴經 31

大千世界諸四天下天宮龍

清淨藏此大宮中普見三千

所住之宮名一切世間最勝

佛子譬如妙光大梵天王

入有相起於亦有相入無相無起

住此三昧亦復如是於無相無相起

處下而雲布上菩薩摩訶薩

사경의 공덕은 십만억 부처님께 공양한 것과 같은 공덕이 있습니다.

宮	宮	羅	須	河	衆	大
궁	궁	라	수	하	중	대
夜	迦	伽	彌	陂	寶	輪
야	가	가	미	피	보	륜
叉	樓	宮	山	澤	如	圍
차	루	궁	산	택	여	위
宮	羅	人	等	泉	是	所
궁	라	인	등	천	시	소
乾	宮	間	種	源	一	有
건	궁	간	종	원	일	유
闥	緊	住	種	城	切	邊
달	긴	주	종	성	체	변
婆	那	處	諸	邑	種	際
바	나	처	제	읍	종	제
宮	羅	及	山	聚	種	乃
궁	라	급	산	취	종	내
阿	宮	三	大	落	莊	至
아	궁	삼	대	락	장	지
修	摩	惡	海	樹	嚴	空
수	마	악	해	수	엄	공
羅	睺	道	江	林	盡	中
라	후	도	강	림	진	중

사경의 공덕은 십만억 부처님께 공양한 것과 같은 공덕이 있습니다.

起 기	種 종	佛 불	身 신	摩 마	現 현	微 미
種 종	行 행	度 도	大 대	訶 하	如 여	細 세
種 종	滿 만	種 종	三 삼	薩 살	於 어	遊 유
神 신	種 종	種 종	昧 매	住 주	明 명	塵 진
通 통	種 종	衆 중	知 지	此 차	鏡 경	莫 막
得 득	解 해	證 증	種 종	一 일	見 견	不 불
種 종	入 입	種 종	種 종	切 체	其 기	皆 개
種 종	種 종	種 종	刹 찰	衆 중	面 면	於 어
智 지	種 종	法 법	見 견	生 생	像 상	梵 범
慧 혜	三 삼	成 성	種 종	差 차	菩 보	宮 궁
住 주	昧 매	種 종	種 종	別 별	薩 살	顯 현

사경의 공덕은 십만억 부처님께 공양한 것과 같은 공덕이 있습니다.

廣	在	彼	到	種		種
광	재	피	도	종		종
大	神	岸	諸	神	佛	種
대	신	안	제	신	불	종
行	通	到	佛	通	子	刹
행	통	도	불	통	자	찰
願	彼	菩	盡	彼	此	那
원	피	보	진	피	차	나
入	岸	薩	虛	岸	菩	際
입	안	살	허	안	보	제
如	到	究	空	何	薩	
여	도	구	공	하	살	
來	能	竟	徧	者	摩	
래	능	경	편	자	마	
門	發	無	法	爲	訶	
문	발	무	법	위	하	
佛	起	差	界	十	薩	
불	기	차	계	십	살	
事	菩	別	神	所	到	
사	보	별	신	소	도	
神	薩	自	通	謂	十	
신	살	자	통	위	십	

사경의 공덕은 십만억 부처님께 공양한 것과 같은 공덕이 있습니다.

勇	入	岸	思	岸	一	通
猛	出	到	議	到	切	彼
入	差	能	業	能	境	岸
如	別	自	果	自	界	到
來	相	在	皆	在	悉	能
境	神	知	如	知	令	震
界	通	諸	幻	一	清	動
而	彼	三	化	切	淨	一
於	岸	昧	神	衆	神	切
其	到	麤	通	生	通	世
中	能	細	彼	不	彼	界

사경의 공덕은 십만억 부처님께 공양한 것과 같은 공덕이 있습니다.

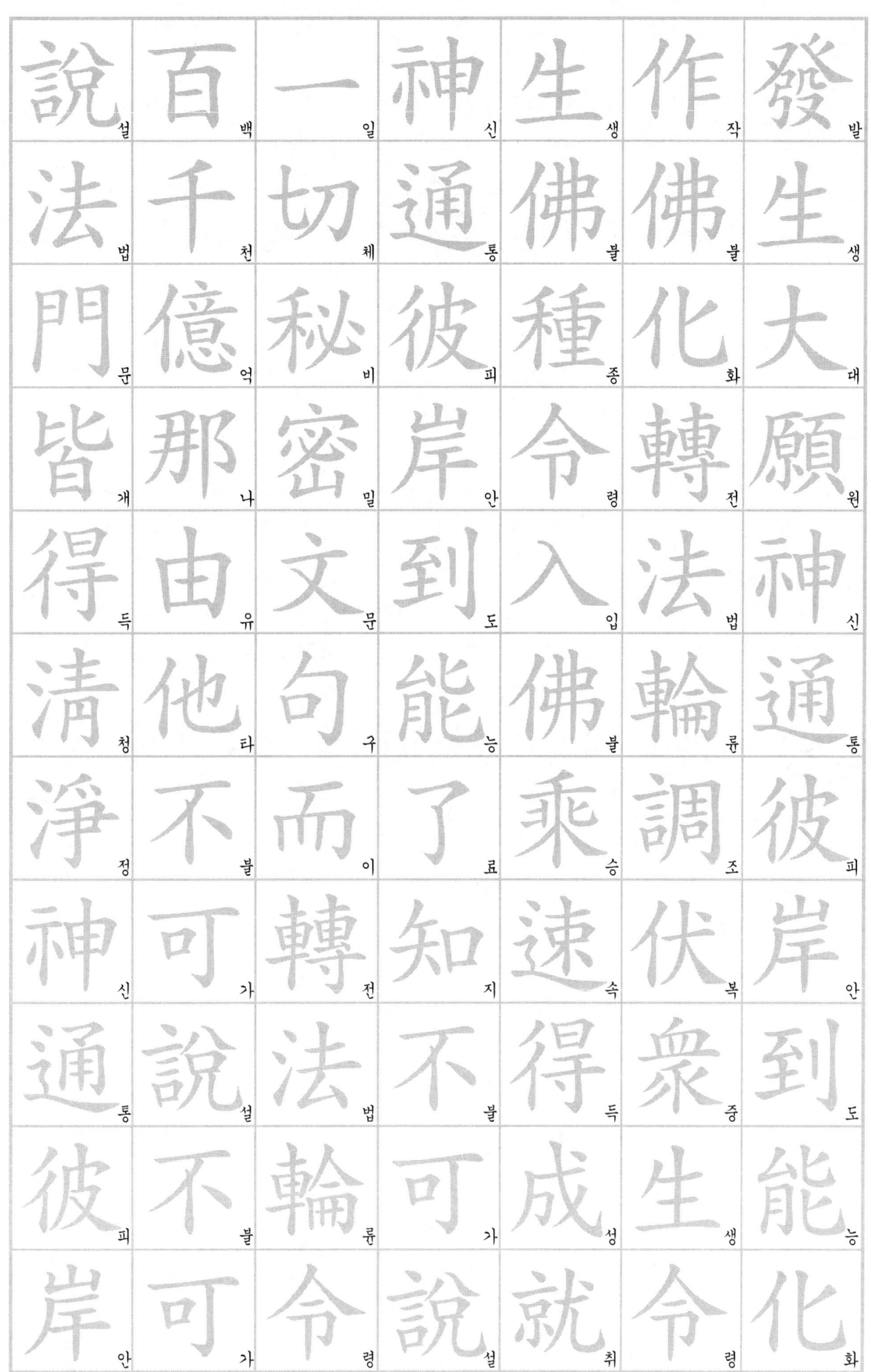

說法문 百千億那由他 一切秘密文句 神通彼岸到能了 生佛種化令入佛 作佛化轉法輪調伏衆生 發生大願神通彼岸到能化
皆得淸淨神通彼 不可說不可 而轉法輪不可 知速得成 乘調伏衆生 彼岸到能化

사경의 공덕은 십만억 부처님께 공양한 것과 같은 공덕이 있습니다.

法 법		昧 매	第 제	爲 위	悉 실	到 도
界 계	佛 불	善 선	八 팔	十 십	能 능	不 불
自 자	子 자	巧 교	一 일	佛 불	三 삼	假 가
在 재	云 운	智 지	切 체	子 자	世 세	晝 주
三 삼	何 하		衆 중	是 시	示 시	夜 야
昧 매	爲 위		生 생	名 명	現 현	年 년
佛 불	菩 보		差 차	菩 보	神 신	月 월
子 자	薩 살		別 별	薩 살	通 통	劫 겁
此 차	摩 마		身 신	摩 마	彼 피	數 수
菩 보	訶 하		大 대	訶 하	岸 안	一 일
薩 살	薩 살		三 삼	薩 살	是 시	念 념

摩訶薩 於一名法 自眼處 乃至意處

入三昧 一一名法界 自在 菩薩 至意處

自身 然能知 一毛孔中 諸三昧 於處

世間法 知諸世界 知世間 知諸世間 由諸世間

說佛刹微塵數世界 世界祇 知諸世界億那由他 不可 見一切

世界中有佛出興菩薩衆會無有善以寶莊嚴光明清淨衆寶淳善為無
雜廣大莊嚴種種清淨衆寶以為
嚴飾菩薩於彼種或一衆寶百劫
千劫億那由他劫
無數無量劫無邊劫
劫不可數劫不可稱劫不可

法 법	就 취	中 중	常 상	說 설	可 가	思 사
界 계	世 세	住 주	不 불	佛 불	說 설	劫 겁
亦 역	界 계	此 차	休 휴	刹 찰	不 불	不 불
普 보	亦 역	三 삼	息 식	微 미	可 가	可 가
知 지	調 조	昧 매	又 우	塵 진	說 설	量 량
三 삼	伏 복	亦 역	於 어	數 수	劫 겁	劫 겁
世 세	衆 중	入 입	如 여	劫 겁	不 불	不 불
亦 역	生 생	亦 역	是 시	修 수	可 가	可 가
演 연	亦 역	起 기	無 무	菩 보	說 설	說 설
說 설	徧 변	亦 역	量 량	薩 살	不 불	劫 겁
諸 제	了 료	成 성	劫 겁	行 행	可 가	不 불

사경의 공덕은 십만억 부처님께 공양한 것과 같은 공덕이 있습니다.

善別鼻善著法
菩分意善分無亦
薩別如分別礙現
如盡是別眼以大
是其種舌善於神
善邊種善分法通
知際差分別界種
見　別別耳得種
已　不身善自方
　　同善分在便
能　悉分別故無
生

사경의 공덕은 십만억 부처님께 공양한 것과 같은 공덕이 있습니다.

起 기	就 취	億 억	入 입	神 신	十 십	持 지
十 십	十 십	諸 제	十 십	力 력	千 천	示 시
千 천	千 천	根 근	千 천	長 장	億 억	現 현
億 억	億 억	圓 원	億 억	養 양	深 심	十 십
陀 다	淸 청	滿 만	三 삼	十 십	心 심	千 천
羅 라	淨 정	十 십	昧 매	千 천	運 운	億 억
尼 니	行 행	千 천	成 성	億 억	動 동	神 신
法 법	獲 획	億 억	就 취	諸 제	十 십	變 변
光 광	得 득	神 신	十 십	力 력	千 천	具 구
明 명	十 십	通 통	千 천	圓 원	億 억	足 족
成 성	千 천	能 능	億 억	滿 만	力 력	十 십

사경의 공덕은 십만억 부처님께 공양한 것과 같은 공덕이 있습니다.

億﹝억﹞ 十﹝십﹞ 諸﹝제﹞ 說﹝설﹞ 藏﹝장﹞ 菩﹝보﹞ 千﹝천﹞
法﹝법﹞ 千﹝천﹞ 願﹝원﹞ 十﹝십﹞ 照﹝조﹞ 薩﹝살﹞ 億﹝억﹞
門﹝문﹞ 億﹝억﹞ 出﹝출﹞ 千﹝천﹞ 明﹝명﹞ 助﹝조﹞ 菩﹝보﹞
開﹝개﹞ 菩﹝보﹞ 生﹝생﹞ 億﹝억﹞ 十﹝십﹞ 道﹝도﹞ 薩﹝살﹞
示﹝시﹞ 薩﹝살﹞ 十﹝십﹞ 諸﹝제﹞ 千﹝천﹞ 積﹝적﹞ 無﹝무﹞
十﹝십﹞ 正﹝정﹞ 千﹝천﹞ 義﹝의﹞ 億﹝억﹞ 集﹝집﹞ 礙﹝애﹞
千﹝천﹞ 位﹝위﹞ 億﹝억﹞ 成﹝성﹞ 菩﹝보﹞ 十﹝십﹞ 圓﹝원﹞
億﹝억﹞ 明﹝명﹞ 廻﹝회﹞ 就﹝취﹞ 薩﹝살﹞ 千﹝천﹞ 滿﹝만﹞
演﹝연﹞ 了﹝료﹞ 向﹝향﹞ 十﹝십﹞ 方﹝방﹞ 億﹝억﹞ 十﹝십﹞
說﹝설﹞ 十﹝십﹞ 淨﹝정﹞ 千﹝천﹞ 便﹝편﹞ 菩﹝보﹞ 千﹝천﹞
修﹝수﹞ 千﹝천﹞ 治﹝치﹞ 億﹝억﹞ 演﹝연﹞ 薩﹝살﹞ 億﹝억﹞

사경의 공덕은 십만억 부처님께 공양한 것과 같은 공덕이 있습니다.

治十千億菩薩摩訶薩清淨

無數等功德無量功德無邊不可不可量

稱德功德功德不可不可思議功德不可不可

功德功德功德功德功德盡不可不可量

佛子此菩薩於如是功德

佛子菩薩摩訶薩復有無無無無

사경의 공덕은 십만억 부처님께 공양한 것과 같은 공덕이 있습니다.

微塵數名號諸佛之所攝受 昧爲東方十千阿僧祇佛刹 佛者菩薩摩訶薩住此三 堅固皆能出生皆已成就皆可稱歎皆得 受皆已清淨皆已積集皆徹皆歎皆已攝 皆已辦具皆已積集皆已莊嚴

사경의 공덕은 십만억 부처님께 공양한 것과 같은 공덕이 있습니다.

一名號復有十千阿僧祇

佛刹微塵數佛各各差別亦如

東方如是南西北方四維上下亦如

復彼諸佛

悉現其前爲現

佛清淨刹爲

爲說諸佛刹難思議眼爲說諸

佛說

大方廣佛華嚴經

如여	輪륜	淸청	修수	住주	說설	無무
來래	顯현	淨정	如여	心심	諸제	量량
無무	示시	音음	來래	爲위	佛불	耳이
邊변	如여	聲성	無무	說설	淸청	爲위
秘비	來래	開개	上상	如여	淨정	說설
密밀	無무	示시	菩보	來래	舌설	諸제
讚찬	邊변	如여	提리	無무	爲위	佛불
歎탄	衆중	來래	令영	上상	說설	淸청
如여	會회	不불	得득	神신	諸제	淨정
來래	令영	退퇴	如여	通통	佛불	鼻비
一일	入입	法법	來래	令영	無무	爲위

사경의 공덕은 십만억 부처님께 공양한 것과 같은 공덕이 있습니다.

第제	諸제	明명	之지	來래	宣선	切체
護호	佛불	一일	法법	無무	說설	善선
持지	三삼	切체	演연	量량	如여	根근
諸제	昧매	諸제	暢창	色색	來래	令영
佛불	示시	佛불	如여	相상	三삼	入입
不불	現현	世세	來래	闡천	世세	如여
思사	諸제	界계	微미	揚양	種종	來래
議의	佛불	宣선	妙묘	如여	性성	平평
法법	衆중	揚양	法법	來래	示시	等등
說설	會회	一일	音음	護호	現현	之지
一일	次차	切체	辨변	念념	如여	法법

사경의 공덕은 십만억 부처님께 공양한 것과 같은 공덕이 있습니다.

界		如	切	讚	有	切
自	佛	化	諸	美	動	法
在	子	無	三	如	轉	猶
三	菩	邊	昧	來	開	如
昧	薩	無	雲	無	示	幻
時	摩	盡	令	量	一	化
彼	訶		知	功	切	明
十	薩		其	德	無	諸
方	住		心	令	上	法
各	此		如	入	法	性
十	法		幻	一	輪	無

사경의 공덕은 십만억 부처님께 공양한 것과 같은 공덕이 있습니다.

於一切法 得無礙心 得無礙心 決定慧 令此菩薩 於一切法 得無礙心 忘念 令此菩薩

菩薩得無礙薩 心令此菩薩 薩於

念令此菩薩得無邊 此菩薩令此 於此

僧祇佛剎微塵中各有十千 時護此

如來一僧祇佛剎微塵數 各有十千阿

千阿僧祇佛剎微塵數名 阿號

사경의 공덕은 십만억 부처님께 공양한 것과 같은 공덕이 있습니다.

竟淸淨令此菩薩以神通
休息令此菩薩得得智畢
薩境界無礙周行法界恒不
於神通悉得
能明了令此菩薩於諸根猛利
領受令更聰敏
薩轉更聰敏於一一切法皆悉能

사경의 공덕은 십만억 부처님께 공양한 것과 같은 공덕이 있습니다.

昧得海智無
諸得悉慧性
調佛悉　無
伏海了　作
故咸知　神
得觀得故通
諸見得　皆
法故諸　往
海得剎　詣
能衆海　故
以以海　得

一切世界佛子菩薩摩訶薩為佛薩住此所衆生謂三

十種菩薩摩訶薩示現成佛

사경의 공덕은 십만억 부처님께 공양한 것과 같은 공덕이 있습니다.

願海 海種 知故 得 功
해 해 종 지 고 득 공
海能 種故 得神 德
해 능 종 고 득 신 덕
悉以 差得 諸通 海
실 이 차 득 제 통 해
使願 別諸 根海 一
사 원 별 제 근 해 일
成力 無心 海能 切
성 력 무 심 해 능 체
就悉 量海 種廣 修
취 실 량 해 종 광 수
永圓 心知 種示 行
영 원 심 지 종 시 행
清滿 故一 不現 悉
청 만 고 일 부 현 실
淨故 得切 同令 圓
정 고 득 체 동 영 원
故得 諸衆 悉開 滿
고 득 제 중 실 개 만
諸行 生善 悟故
제 행 생 선 오 고

사경의 공덕은 십만억 부처님께 공양한 것과 같은 공덕이 있습니다.

大方廣佛華嚴經 54

十 等 最 中 王 間
십 등 최 중 왕 간
佛 種 爲 爲 最 中 無
불 종 위 위 최 중 무
子 海 十 第 爲 最 所
자 해 십 제 위 최 소
菩 已 一 一 殊 極 染
보 이 일 일 수 극 염
薩 復 者 二 特 自 着
살 부 자 이 특 자 착
摩 得 於 者 三 在 五
마 득 어 자 삼 재 오
訶 十 一 者 者 四 者
하 십 일 자 자 사 자
薩 種 切 一 於 者 一
살 종 체 일 어 자 일
得 殊 衆 切 一 於 切
득 수 중 체 일 어 체
如 勝 生 諸 切 諸 世
여 승 생 제 체 제 세
是 何 中 天 梵 世 間
시 하 중 천 범 세 간

사경의 공덕은 십만억 부처님께 공양한 것과 같은 공덕이 있습니다.

大方廣佛華嚴經 55

無能惑亂 蔽六者 普入 諸生 知不 無所 不堅在 自現 示能得薩 如於是
十種殊勝已 復得十
十佛者 子 一切神通 悉法能皆得現
固九礙 八一切處佛 諸魔不
罣能 七
十者佛菩薩摩訶薩得

사경의 공덕은 십만억 부처님께 공양한 것과 같은 공덕이 있습니다.

故六謂法性力於諸義中

謂逆順力於一切法諍論故自在

靜力於一離法垢不故謂三謂二

無着精進勇健恒力調伏故轉世間故

謂一謂精勇健力調世間故為十

衆生界修習諸行何等為十

사경의 공덕은 십만억 부처님께 공양한 것과 같은 공덕이 있습니다.

自자	大대	故고	十십		最최	善선
在재	故고	九구	謂위		勝승	集집
故고	故고	八팔	開개	佛불	力력	力력
七칠	謂위	辯변	示시	子자	無무	不부
謂위	無무	才재	力력	此차	能능	動동
無무	畏외	力력	智지	十십	摧최	力력
礙애	力력	能능	慧혜	種종	伏복	堅견
力력	能능	持지	無무	力력	力력	固고
智지	說설	諸제	邊변	廣광	無무	力력
慧혜	諸제	法법	故고	大대	量량	智지
廣광	法법	故고		力력	力력	慧혜

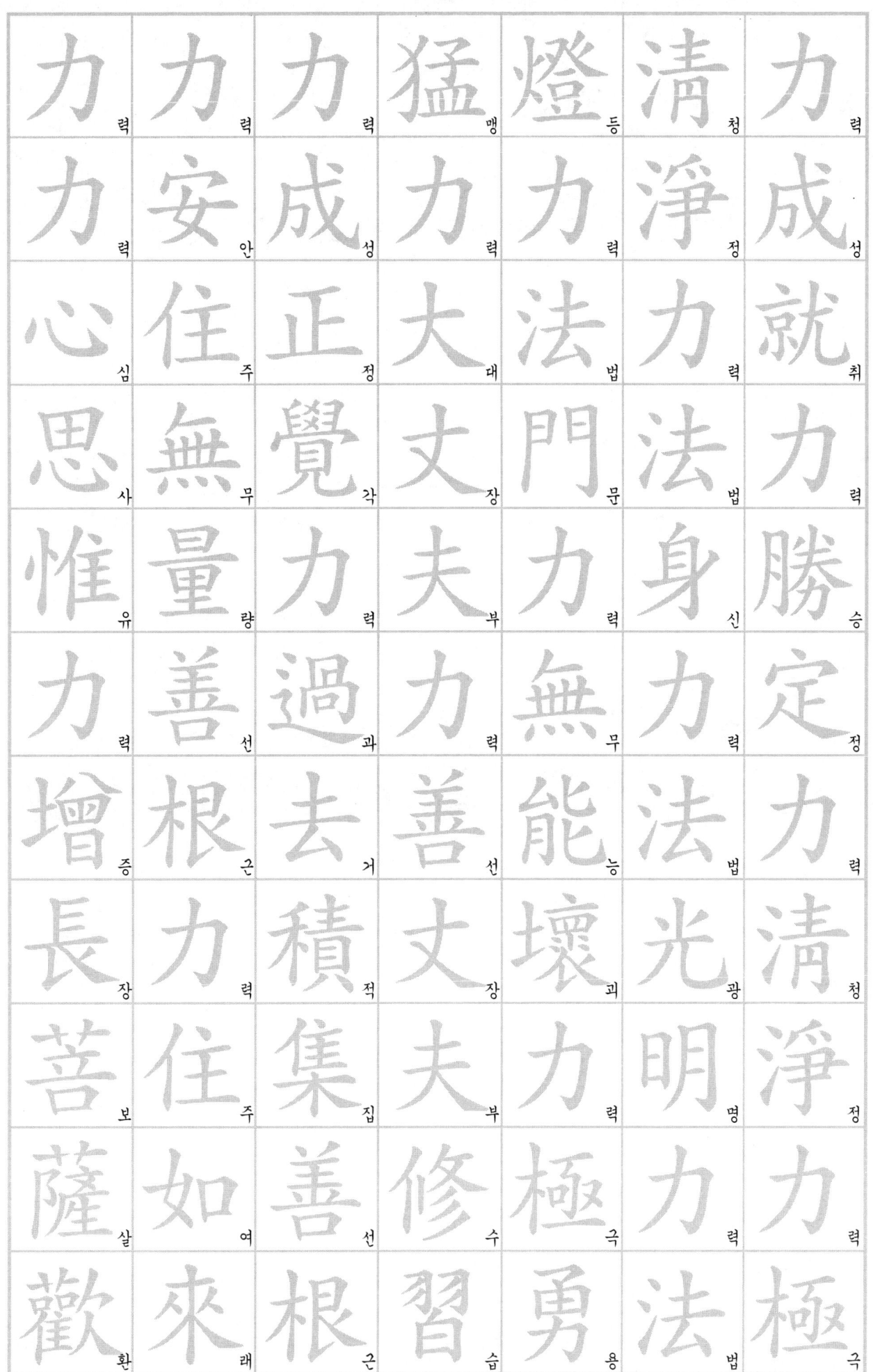

사경의 공덕은 십만억 부처님께 공양한 것과 같은 공덕이 있습니다.

安住大勢 一切世間 不能傾

便善巧法力 門力 清淨妙法力

竟諸法力 無障礙 身熏習 入方

深心 力 菩薩 深善根 熏習 究

菩薩清淨勇猛深心 菩提心 菩薩所殊勝

菩薩出生菩薩淨 力 提心 信所生

喜力出生菩薩淨信力增長

德덕	能능	具구	能능	是시		動동
邊변	淨정	足족	圓원	無무	佛불	力력
際제	治치	能능	滿만	量량	子자	一일
智지	能능	廣광	能능	功공	此차	切체
慧혜	徧변	大대	照조	德덕	菩보	衆중
邊변	淨정	能능	明명	法법	薩살	生생
際제	治치	堅견	能능	能능	摩마	無무
修수	此차	固고	具구	生생	訶하	能능
行행	菩보	能능	足족	能능	薩살	暎영
邊변	薩살	增증	能능	成성	於어	蔽폐
際제	功공	長장	徧변	就취	如여	力력

사경의 공덕은 십만억 부처님께 공양한 것과 같은 공덕이 있습니다.

了知所有建立一切法門
察所有證入所有清淨所有
入所現前所有境界所有觀
此菩薩法所獲得所成就所
邊際成自在清淨無邊際
際成就自邊際清淨邊際際出離邊
法門邊際自在邊際際苦行邊

사경의 공덕은 십만억 부처님께 공양한 것과 같은 공덕이 있습니다.

境界無量廣大 於境界中 若
一切三昧彼一三昧所有
可量不可可說不可可說
等不可數不可稱不可思
昧能了知無無無量無邊
佛子菩薩摩訶薩住此三
不可說劫無無能說盡

入若起若住所 所有相狀所有
示現自性所有行處所有 所有
有所 有所滅見
如是一切所靡不除明
佛子譬如 無熱惱
宮流出四河 無濁無雜無
垢穢光色清淨猶如虛空 其有龍王

池	流	河	口	縛	恒	口
지	류	하	구	박	항	구
四	出	師	中	芻	伽	流
사	출	사	중	추	가	류
面	一	子	出	河	河	出
면	일	자	출	하	하	출
各	河	口	信	其	口	金
각	하	구	신	기	구	금
有	於	中	度	四	流	剛
유	어	중	도	사	류	강
一	象	出	河	大	出	沙
일	상	출	하	대	출	사
口	口	私	於	河	銀	信
구	구	사	어	하	은	신
一	中	陀	馬	流	沙	度
일	중	타	마	류	사	도
一	出	河	口	出	私	河
일	출	하	구	출	사	하
口	恒	於	中	之	陀	口
구	항	어	중	지	타	구
中	伽	牛	出	時	河	流
중	가	우	출	시	하	류

사경의 공덕은 십만억 부처님께 공양한 것과 같은 공덕이 있습니다.

出沙河黃河七
金恒口金一帀
沙伽作色一隨
縛河金縛河其
芻口剛芻廣方
河作色河一面
口白信口共四
流銀度作旬圍向
出色河其遶分
瑠私口四大流
璃陀作大池澒

사경의 공덕은 십만억 부처님께 공양한 것과 같은 공덕이 있습니다.

	臺	越	拘	寶		涌
自	藥	妙	物	所	其	奔
然	悉	色	頭	成	河	馳
暎	是	清	華	優	旋	入
徹	衆	淨	芬	鉢	遶	於
咸	寶	種	陀	羅	一	大
放		種	利	華	一	海
光		華	華	波	之	
明		葉	奇	頭	間	
互		種	香	摩	有	
相		種	發	華	天	

사경의 공덕은 십만억 부처님께 공양한 것과 같은 공덕이 있습니다.

皆개	物물	其기	寶보	種종	十십	照조
悉실	頭두	中중	莊장	種종	由유	現현
徧변	華화	優우	嚴엄	摩마	旬순	其기
滿만	芬분	鉢발	其기	尼니	衆중	無무
微미	陀다	羅라	岸안	以이	寶보	熱열
風풍	利리	華화	栴전	爲위	妙묘	池지
吹취	華화	波파	檀단	嚴엄	沙사	周주
動동	及급	頭두	妙묘	飾식	徧변	圍위
香향	餘여	摩마	香향	無무	布포	廣광
氣기	寶보	華화	普보	量량	其기	大대
遠원	華화	拘구	散산	妙묘	底저	五오

사경의 공덕은 십만억 부처님께 공양한 것과 같은 공덕이 있습니다.

徹	出	切	如	下	極	明
철	출	체	여	하	극	명
華	時	衆	是	若	小	鑒
화	시	중	시	약	소	감
林	普	物	衆	廣	一	徹
림	보	물	중	광	일	철
寶	皆	接	物	若	沙	靡
보	개	접	물	약	사	미
樹	照	影	若	狹	一	不
수	조	영	약	협	일	불
周	明	連	遠	若	塵	於
주	명	련	원	약	진	어
帀	池	輝	若	麤	悉	中
잡	지	휘	약	추	실	중
圍	河	成	近	若	是	日
위	하	성	근	약	시	일
遶	內	光	若	細	妙	輪
요	내	광	약	세	묘	륜
日	外	明	高	乃	寶	影
일	외	명	고	내	보	영
光	一	網	若	至	光	現
광	일	망	약	지	광	현

사경의 공덕은 십만억 부처님께 공양한 것과 같은 공덕이 있습니다.

流出 諸行究竟入於一切智
摩訶薩亦復如是從四辯才
中流出四河入於大海菩薩
佛子如無熱見大池
本質而得明
影不增不減非合非
亦復展轉更相現影如是衆

口구 如여 淨정 所소 如여 流류 海해
流류 私사 白백 說설 是시 出출 如여
出출 陀타 法법 一일 以이 銀은 恒항
金금 大대 究구 切체 義의 沙사 伽가
剛강 河하 竟경 義의 辯변 菩보 大대
沙사 從종 入입 門문 才재 薩살 河하
菩보 金금 於어 出출 說설 摩마 從종
薩살 剛강 無무 生생 一일 訶하 銀은
摩마 色색 礙애 一일 切체 薩살 色색
訶하 師사 智지 切체 如여 亦역 象상
薩살 子자 海해 淸청 來래 復부 口구

사경의 공덕은 십만억 부처님께 공양한 것과 같은 공덕이 있습니다.

便 편	訓 훈	沙 사	度 도	智 지	衆 중	亦 역
開 개	詞 사	菩 보	大 대	究 구	生 생	復 부
悟 오	辯 변	薩 살	河 하	竟 경	說 설	如 여
衆 중	說 설	摩 마	從 종	入 입	佛 불	是 시
生 생	隨 수	訶 하	金 금	於 어	金 금	以 이
令 영	順 순	薩 살	色 색	無 무	剛 강	法 법
皆 개	世 세	亦 역	牛 우	礙 애	句 구	辯 변
歡 환	間 간	復 부	口 구	智 지	引 인	才 재
喜 희	緣 연	如 여	流 류	海 해	出 출	爲 위
調 조	起 기	是 시	出 출	如 여	金 금	一 일
伏 복	方 방	以 이	金 금	信 신	剛 강	切 체

사경의 공덕은 십만억 부처님께 공양한 것과 같은 공덕이 있습니다.

法법	者자	億억	亦역	口구		成성
海해	皆개	那나	復부	流류	如여	熟숙
如여	得득	由유	如여	出출	縛박	究구
四사	潤윤	他타	是시	瑠류	芻추	竟경
大대	洽흡	不불	以이	璃리	大대	入입
河하	究구	可가	無무	沙사	河하	於어
隨수	竟경	說설	盡진	菩보	於어	緣연
順순	入입	法법	辯변	薩살	瑠류	起기
圍위	於어	令영	雨우	摩마	璃리	方방
遶요	諸제	其기	百백	訶하	色색	便편
無무	佛불	聞문	千천	薩살	馬마	海해

사경의 공덕은 십만억 부처님께 공양한 것과 같은 공덕이 있습니다.

	竟 경	智 지	爲 위	隨 수	薩 살	熱 열
佛 불	入 입	爲 위	前 전	順 순	亦 역	池 지
子 자	於 어	前 전	導 도	語 어	復 부	已 이
何 하	一 일	導 도	身 신	業 업	如 여	四 사
者 자	切 체	意 의	業 업	隨 수	是 시	方 방
名 명	智 지	業 업	智 지	順 순	成 성	入 입
爲 위	海 해	四 사	爲 위	意 의	就 취	海 해
菩 보		方 방	前 전	業 업	隨 수	菩 보
薩 살		流 류	導 도	成 성	順 순	薩 살
四 사		注 주	語 어	就 취	身 신	摩 마
方 방		究 구	業 업	智 지	業 업	訶 하

사경의 공덕은 십만억 부처님께 공양한 것과 같은 공덕이 있습니다.

佛子야 所謂見一切佛하사 一一佛所에 悟一切法하며 受持不忘하며 而得開悟하며 圓滿法門하며 說法滿池大河圍遶하며 大悲大行圍遶하며 大慈羅河波羅蜜을 四如間中에 其物을 拘執하여 於足一切衆生하며 華優鉢羅華芬陀利華皆悉滿하며 華波頭摩華圍遶하며 編滿菩薩摩訶薩亦復如是라

大方廣佛華嚴經 75

	遶	亦	大	見	法	於
如	令	復	池	佛	調	菩
無	諸	如	寶	國	伏	提
熱	衆	是	樹	土	悉	心
大	生	現	圍	莊	令	中
池	趣	佛	遶	嚴	圓	間
其	向	國	菩	清	滿	不
中	菩	土	薩	淨	無	捨
縱	提	莊	摩	如	量	衆
廣		嚴	訶	無	三	生
五		圍	薩	熱	昧	說

사경의 공덕은 십만억 부처님께 공양한 것과 같은 공덕이 있습니다.

사경의 공덕은 십만억 부처님께 공양한 것과 같은 공덕이 있습니다.

大方廣佛華嚴經

無 무	種 종	觀 관	薩 살	種 종		之 지
礙 애	法 법	察 찰	亦 역	摩 마	如 여	岸 안
光 광	寶 보	不 불	復 부	尼 니	無 무	普 보
明 명	間 간	可 가	如 여	間 간	熱 열	散 산
住 주	錯 착	思 사	是 시	錯 착	大 대	一 일
於 어	莊 장	議 의	微 미	莊 장	池 지	切 체
一 일	嚴 엄	菩 보	妙 묘	嚴 엄	底 저	衆 중
切 체	得 득	薩 살	智 지	菩 보	布 포	善 선
諸 제	一 일	解 해	慧 혜	薩 살	金 금	妙 묘
佛 불	切 체	脫 탈	周 주	摩 마	沙 사	香 향
所 소	法 법	種 종	徧 변	訶 하	種 종	

사경의 공덕은 십만억 부처님께 공양한 것과 같은 공덕이 있습니다.

提地旣潤澤已入於大海菩 惱雖現受生而離無染着 亦復如是如受永離惱一切世間憂 龍中所有熱惱菩薩摩訶薩 住入於一切甚深方便永離

사경의 공덕은 십만억 부처님께 공양한 것과 같은 공덕이 있습니다.

大方廣佛華嚴經 79

薩摩訶薩亦復如是 以四

河潤澤天人阿修羅 沙門婆羅門 而爲菩薩令智

其普入大海 以四種 爲智河

提智慧 何者爲四 一者願力智河

莊嚴 何者爲四 一者

救護調伏 一切衆生常不休

息 二者 波羅密智河

修菩提

息普海以者無行
식 보 해 이 자 무 행
修救四爲菩盡饒
수 구 사 위 보 진 요
行衆者莊薩究益
행 중 자 장 살 구 익
秘生大嚴三竟衆
비 생 대 엄 삼 경 중
密方悲見昧入生
밀 방 비 견 매 입 생
功便智一智於去
공 편 지 일 지 어 거
德攝河切河諸來
덕 섭 하 체 하 제 래
之取大佛無佛今
지 취 대 불 무 불 금
門無慈入數智世
문 무 자 입 수 지 세
究有自諸三海相
구 유 자 제 삼 해 상
竟休在佛昧三續
경 휴 재 불 매 삼 속

사경의 공덕은 십만억 부처님께 공양한 것과 같은 공덕이 있습니다.

四 사	窮 궁	力 력	薩 살	出 출		入 입
大 대	盡 진	修 수	摩 마	已 이	如 여	於 어
河 하	究 구	菩 보	訶 하	究 구	四 사	十 십
入 입	竟 경	薩 살	薩 살	竟 경	大 대	力 력
於 어	入 입	行 행	亦 역	無 무	河 하	大 대
大 대	於 어	自 자	復 부	盡 진	從 종	海 해
海 해	一 일	在 재	如 여	入 입	無 무	
無 무	切 체	知 지	是 시	於 어	熱 열	
能 능	智 지	見 견	以 이	大 대	池 지	
爲 위	海 해	無 무	大 대	海 해	旣 기	
礙 애	如 여	有 유	願 원	菩 보	流 류	

사경의 공덕은 십만억 부처님께 공양한 것과 같은 공덕이 있습니다.

亦復如是 以普賢行願盡未 累劫亦無疲厭菩薩摩訶薩 礙如四大河奔流入海經於 佛菩提法入如來明智住於無有一 就一切常勤修習普賢行願一 如是不入者菩薩摩訶薩亦復

사경의 공덕은 십만억 부처님께 공양한 것과 같은 공덕이 있습니다.

寶보	影영	及급	中중		生생	來래
物물	於어	餘여	金금	佛불	疲피	劫겁
亦역	中중	一일	沙사	子자	厭염	修수
各각	顯현	切체	銀은	如여		菩보
展전	現현	種종	沙사	日일		薩살
轉전	其기	種종	金금	光광		行행
而이	金금	寶보	剛강	出출		入입
現현	沙사	物물	沙사	時시		如여
其기	等등	皆개	瑠류	無무		來래
影영	一일	有유	璃리	熱열		海해
互호	切체	日일	沙사	池지		不불

사경의 공덕은 십만억 부처님께 공양한 것과 같은 공덕이 있습니다.

相	薩	身	不	來	衆	解
상	살	신	불	래	중	해
鑒	亦	一	可	亦	會	供
감	역	일	가	역	회	공
徹	復	一	說	見	一	養
철	부	일	설	견	일	양
無	如	毛	佛	彼	一	各
무	여	모	불	피	일	각
所	是	孔	刹	佛	佛	經
소	시	공	찰	불	불	경
妨	住	中	微	所	所	不
방	주	중	미	소	소	불
礙	此	悉	塵	有	聽	可
애	차	실	진	유	청	가
菩	三	見	數	國	法	說
보	삼	견	수	국	법	설
薩	昧	不	諸	土	受	不
살	매	불	제	토	수	불
摩	於	可	佛	道	持	可
마	어	가	불	도	지	가
訶	自	說	如	場	信	說
하	자	설	여	량	신	설

사경의 공덕은 십만억 부처님께 공양한 것과 같은 공덕이 있습니다.

億	長	以	故	可	議	在
那	短	故	入	思	思	境
由	其	以	無	議	惟	界
他	諸	微	等	三	境	故
劫	衆	妙	差	昧	界	得
而	會	心	別	境	故	一
不	亦	入	業	界	入	切
想	無	無	果	故	一	佛
念	迫	邊	故	入	切	所
時	隘	法	入	不	佛	護
節	何	界	不	思	自	念

사경의 공덕은 십만억 부처님께 공양한 것과 같은 공덕이 있습니다.

在재	定정	一일	普보	如여	故고
定정	一일	佛불	切체	賢현	得득
亦역	念념	子자	佛불	菩보	一일
無무	入입	菩보	無무	薩살	切체
所소	出출	薩살	勞로	行행	佛불
着착	而이	摩마	倦권	圓원	大대
雖수	亦역	訶하	神신	滿만	神신
於어	不불	薩살	通통	境경	變변
境경	廢폐	雖수	力력	界계	故고
界계	長장	能능	故고	故고	得득
無무	時시	於어		得득	諸제

사경의 공덕은 십만억 부처님께 공양한 것과 같은 공덕이 있습니다.

所依住而亦不捨一切諸所緣

雖善入剎那際而不捨爲利益一切衆生

切衆生現佛神通無有邊際厭足一切

雖等入法界而不得其邊

無所住無有處所而得恒趣入

一切智道以變化力普入

量衆生衆中具足莊嚴

世	過	種		薩		一
界	一	種		佛		切
雖	諸	究	地	子		諸
離	分	相	而	譬		物
世	別	雖	清	如		而
間	之	能	淨	虛		離
顚	地	具	雖	空	善	有
倒	亦	足	不	入		無
分	不	方	分			菩
別	捨	便	別		容	薩
超	於	善	菩	受		摩

大方廣佛華嚴經

訶薩 亦復 如是 雖普入 一切 世間 而離 世間 想 雖勤 度 一切 世間 眾生 而離 眾生 想 雖深 了知 一切 法 而離 諸法 想 雖樂 見 諸佛 而離 諸佛 想 雖善 入 諸三昧 而知 一切 三昧 性 離 一切 想 雖以 無邊 辯 皆如 無所 染著

사경의 공덕은 십만억 부처님께 공양한 것과 같은 공덕이 있습니다.

才演無盡法法句而心恒住法離
文字演說法音而心恒住法離文字
而恒示現雖樂法清淨觀察無言說法
切離相雖言教化際清淨音聲無言說
色畢竟雖雖眾而恒示現種一切種
法畢竟空雖勤修而知大悲無盡
脫眾生而知眾生界無盡

사경의 공덕은 십만억 부처님께 공양한 것과 같은 공덕이 있습니다.

大方廣佛華嚴經

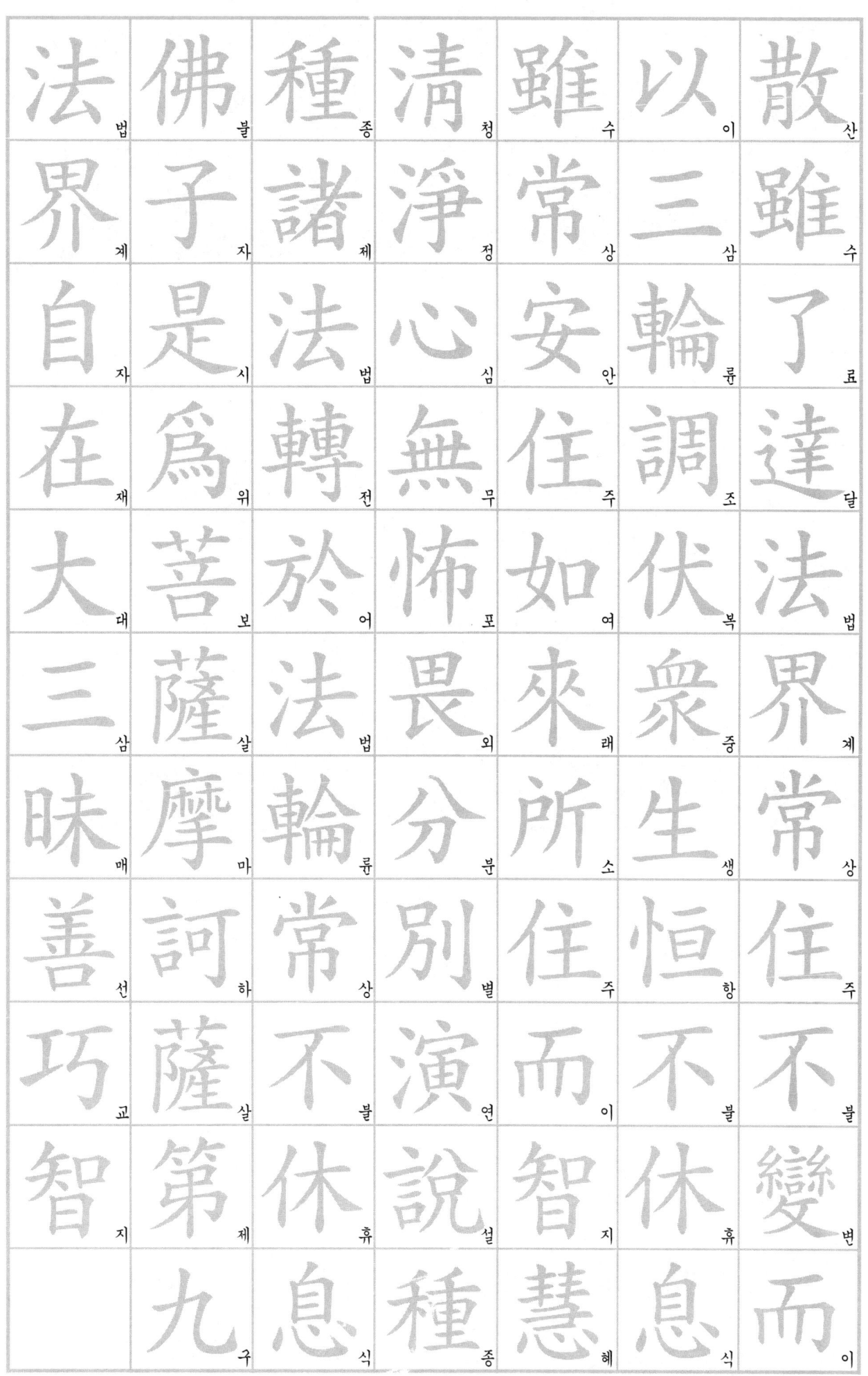

散(산) 以(이) 雖(수) 清(청) 種(종) 佛(불) 法(법)
雖(수) 三(삼) 常(상) 淨(정) 諸(제) 子(자) 界(계)
了(료) 輪(륜) 安(안) 心(심) 法(법) 是(시) 自(자)
達(달) 調(조) 住(주) 無(무) 轉(전) 爲(위) 在(재)
法(법) 伏(복) 如(여) 怖(포) 於(어) 菩(보) 大(대)
界(계) 衆(중) 來(래) 畏(외) 法(법) 薩(살) 三(삼)
常(상) 生(생) 所(소) 分(분) 輪(륜) 摩(마) 昧(매)
住(주) 恒(항) 住(주) 別(별) 常(상) 訶(하) 善(선)
不(불) 不(불) 而(이) 不(불) 薩(살) 巧(교)
變(변) 休(휴) 智(지) 說(설) 休(휴) 第(제) 智(지)
而(이) 息(식) 慧(혜) 種(종) 息(식) 九(구)

사경의 공덕은 십만억 부처님께 공양한 것과 같은 공덕이 있습니다.

發 願 文

귀의 삼보하옵고

거룩하신 부처님께 발원하옵나이다.

주　소 : _____

전　화 : _____　불명 : _____　성명 : _____

불기 25_____년 _____월 _____일